I0766045

ANIMALS
THEMED
WORD SEARCH
PUZZLE BOOK

ANIMALS

```
E  D  O  T  S  Q  F  Z  V  V  Y  I  O  P  G
D  E  R  L  A  E  S  A  H  X  Q  L  N  U  T
V  V  S  E  A  S  H  Y  U  A  E  U  J  L  K
M  M  N  U  G  K  B  N  B  I  Q  N  D  O  C
R  N  D  F  O  I  E  V  S  O  X  U  K  N  O
D  I  R  K  P  M  T  T  V  O  I  T  G  M
M  F  N  J  E  O  R  L  D  K  B  B  K  E  M
X  J  H  A  N  D  U  A  A  B  D  R  A  A  O
C  K  R  X  Z  O  D  I  E  G  H  H  X  R  N
D  Q  S  Z  J  G  C  V  Y  B  N  T  I  E  L
U  R  E  V  Y  R  Z  L  T  V  K  E  T  D  O
Y  L  S  N  Y  L  F  Y  A  M  Y  C  B  O  O
G  F  A  T  L  K  M  O  Y  F  F  M  A  W  N
W  Q  R  P  L  E  I  B  C  H  A  X  Z  L  X
T  Y  D  N  U  O  H  N  A  Z  I  B  I  Z  B
```

BENGAL TIGER	ESKIMO DOG	MAYFLY
BLACK BEAR	FALCON	MOUSE
BOOBY	IBIZAN HOUND	SEAL
COMMON LOON	LONGEARED OWL	

ANIMALS

```
F  J  H  N  T  W  B  T  F  P  T  R  B  T  D
I  D  T  T  I  G  E  R  S  H  A  R  K  U  N
U  X  U  I  Q  H  M  I  B  E  T  T  S  R  I
F  G  D  U  D  W  P  A  N  R  H  J  A  U  L
Q  D  D  R  A  Z  I  L  N  A  M  I  A  C  U
T  F  N  R  I  S  C  T  O  T  C  K  K  O  O
K  C  D  K  A  B  S  H  S  D  A  U  Y  L  Y
A  E  V  Q  A  Z  E  O  W  Z  Y  R  O  G  U
Z  E  Q  P  T  S  I  T  F  D  U  K  A  T  Y
J  Y  R  A  Y  R  B  L  A  S  S  T  S  Y  D
X  A  O  O  Y  O  W  S  D  G  K  Y  D  U  N
N  R  Y  M  H  C  V  S  I  N  I  X  Q  B  D
V  C  M  U  B  D  X  F  I  U  A  R  N  D  T
J  A  K  L  D  J  R  Q  F  W  W  S  F  F  G
S  F  P  E  Z  I  V  R  G  B  A  Z  Q  B  X
```

CAIMAN LIZARD	MANTA RAY	TOUCAN
DUSKY DOLPHIN	MULE	
FOSSA	SAND LIZARD	
FRIGATEBIRD	TIGER SHARK	

ANIMALS

L	I	G	I	F	D	N	Z	F	S	X	I	O	W	S
Y	L	E	I	N	A	P	S	D	L	E	I	F	I	F
D	M	S	E	V	E	S	N	O	W	S	H	O	E
T	F	Y	G	X	D	R	E	Z	X	I	X	T	R	L
P	E	G	Y	P	T	I	A	N	M	A	U	Q	E	A
P	K	Q	I	A	U	R	T	H	X	L	Y	N	I	B
Z	X	U	U	P	S	J	U	J	C	L	Z	G	N	T
D	E	O	D	G	A	T	R	K	K	I	W	I	D	B
N	Q	H	F	S	X	H	T	E	C	S	T	O	E	V
M	T	E	O	C	C	J	L	D	S	O	F	C	E	H
T	S	C	M	V	E	N	E	S	V	E	C	M	R	W
E	M	J	F	R	J	N	Q	F	G	L	M	A	Y	A
V	Q	E	M	I	X	K	N	M	L	X	R	R	E	T
B	H	N	S	T	A	G	B	E	E	T	L	E	U	P
R	S	C	A	Y	W	W	O	L	F	F	G	Z	T	B

ARCTIC HARE

BURMESE

EGYPTIAN MAU

FENNEC FOX

FIELD SPANIEL

KIWI

PEACOCK

REINDEER

SEA TURTLE

SNOWSHOE

STAG BEETLE

WOLF

ANIMALS

```
X  N  A  U  Q  U  W  P  J  I  Z  S  Z  W  G
W  R  V  Q  C  R  V  Z  K  K  C  E  W  Y  Q
K  A  A  S  S  H  P  V  H  Y  S  O  B  Q  I
F  F  X  Y  P  H  S  I  F  R  E  F  F  U  P
F  I  R  R  T  A  M  T  L  M  G  R  A  P  A
I  O  S  L  D  E  T  Q  H  A  N  A  P  Y  N
F  G  L  H  R  Z  T  A  M  W  X  C  Z  M  S
I  W  H  V  I  Y  W  R  S  H  J  C  U  O  B
F  B  I  G  R  N  O  A  A  M  U  O  Z  R  B
B  I  U  L  U  R  G  J  L  G  O  O  G  A  D
B  L  A  R  D  T  L  C  B  L  H  N  V  Y  Y
I  L  A  I  O  B  L  L  A  M  A  S  K  E  D
J  G  M  K  H  A  O  S  V  T  M  B  Z  E  Y
G  N  E  P  H  L  F  A  D  R  L  O  Y  L  Y
J  J  S  X  Y  Z  E  B  R  A  S  H  A  R  K
```

FISHING CAT	PUFFER FISH	XRAY TETRA
LLAMA	RACCOON	ZEBRA SHARK
MORAY EEL	WALLABY	ZEBU
PATAS MONKEY	WILD BOAR	

ANIMALS

```
X  R  I  A  B  O  Q  S  K  C  C  I  Z  S  S
R  K  F  B  T  G  O  G  P  H  Q  V  H  R  I
H  I  B  J  L  J  I  L  W  O  Y  W  O  N  S
M  E  P  A  F  P  O  E  S  V  F  A  C  A  U
T  E  Z  A  D  O  Z  O  C  A  A  G  U  Q  D
K  Y  L  E  T  G  U  P  C  G  N  K  Y  I  R
V  N  D  L  N  A  E  A  V  N  F  P  N  S  V
W  I  T  U  B  R  C  R  A  E  B  N  U  S  R
V  V  W  X  H  M  V  D  E  W  G  L  M  G  Q
E  U  S  N  S  K  I  T  R  T  T  X  F  C  O
X  L  N  F  O  B  C  P  E  A  S  J  O  Q  K
W  J  I  F  N  G  E  Y  I  R  P  B  E  E  M
E  S  F  H  Z  L  V  L  I  Y  I  O  O  W  P
G  F  T  U  G  E  Q  N  P  U  S  S  E  L  N
I  W  U  J  F  J  L  X  S  A  B  H  V  L  F
```

BADGER	LEOPARD	LEOPARD CAT
LOBSTER	NEWT	SNOWY OWL
SUN BEAR	TAPIR	

ANIMALS

K O O K K W B Y G H V K M A Q
I R M B R U S S I A N B L U E
C E A C Z E M B I M S Q U M J
K Z E V A N M S E S O O M B H
H W Z B D S I E X T Q D F O E
I A Y M Y R B T P E Z Y D B J
O C L I B E A V E R F B J A A
K C F L I D N A E U J O A M O
H B N P I A R O A Q Z J G K N
V Y P W B G A P H J S E O Z I
J T T C B N A I R E B I S A C
J A I N S E C T H D K D N Z D
V Z E F S Y H B O X E R D O G
K P H H P E N A M R I B P L Q
J R W O G R W Z P L Y N U I Q

AARDVARK	BOXER DOG	MOOSE
ALLIGATOR	HAMSTER	RUSSIAN BLUE
BEAVER	HONEY BEE	SIBERIAN
BIRMAN	INSECT	

ANIMALS

H	S	L	P	Y	R	U	Q	I	N	I	B	O	R	V
R	K	W	I	E	G	M	E	X	O	A	A	Z	B	Y
Z	E	Y	K	G	S	I	D	U	Y	H	M	Q	S	A
H	F	H	P	D	E	U	K	C	L	P	L	U	O	K
Z	V	R	C	T	A	R	O	U	R	K	W	E	H	W
T	D	E	Q	S	N	R	E	M	X	L	G	T	D	J
P	W	N	A	X	N	A	R	T	R	Z	I	Z	J	Z
V	O	C	Q	X	H	I	Y	Y	S	O	I	A	F	D
U	D	O	L	J	E	Z	P	A	W	Y	D	L	N	A
U	L	N	L	N	W	L	O	N	L	M	O	G	J	S
V	C	O	Y	F	J	G	G	B	E	A	U	V	J	R
O	G	L	N	S	R	X	O	A	O	F	M	H	I	I
Z	T	F	A	F	U	O	C	H	E	A	F	I	H	U
X	Y	C	Z	I	G	P	G	G	W	B	Y	A	H	J
M	K	I	W	E	L	S	H	C	O	R	G	I	B	Q

AFFENPINSCHER	LIGER	SNAIL
BEAGLE	OYSTER	WELSH CORGI
DORMOUSE	POOL FROG	
HIMALAYAN	QUETZAL	
HUMAN	ROBIN	

Puzzle #8

ANIMALS

V T N P T P T K S Z E A Q Y D
W M N I A B R A N P S J T V Z
U R O O U L J J R U T Z E E L
D E B U G G B O H V M U R P H
S Q Y V N A N A E G U P M C Q
Z B N S G T R E T G C Z I A K
W V H N M A A D P R M P T H H
Z Y A Z D A L I O L O O E U C
C G A D S U V J N D A S D V T
A N E S N P C L U L O Y S J U
B R Y N I A S L J H I M O Q K
D R I B C I P O R T X O O R Z
Y W B F A H K D S Q Y H N K Q
R A X V M S C B E J A A I E I
P W Y F W N U Y D R P I L C W

ALBATROSS PUG TERMITE
CHIPMUNK RAT TROPICBIRD
KOMODO DRAGON RED PANDA
MOUNTAIN LION ROYAL PENGUIN

ANIMALS

```
L  E  O  P  A  R  D  S  E  A  L  W  A  K  O
L  R  L  C  L  V  S  L  O  T  H  O  K  L  J
V  O  P  A  X  H  A  U  S  M  K  O  A  K  O
S  Q  K  R  H  E  X  Q  C  L  Z  D  T  A  B
N  C  F  N  H  W  G  G  N  S  A  P  P  V  K
Z  H  O  L  U  Q  N  L  J  P  U  E  M  R  P
B  A  N  X  H  K  U  I  S  U  G  C  I  W  Q
V  M  M  X  N  D  S  Y  F  O  K  K  L  P  N
U  E  M  G  K  J  P  M  F  M  Q  E  L  F  O
G  L  A  S  S  L  I  Z  A  R  D  R  I  Y  E
G  E  R  B  I  L  N  O  K  G  U  S  P  G  H
U  O  A  N  Z  V  G  S  E  U  P  X  E  T  S
Q  N  J  H  M  C  E  U  J  Q  N  I  D  T  Q
O  E  H  W  M  N  W  X  F  F  S  O  E  Q  X
R  M  H  Y  E  K  N  O  M  Y  L  L  O  O  W
```

CHAMELEON	LEOPARD SEAL	WOODPECKER
CUSCUS	MAGPIE	WOOLLY MONKEY
FIN WHALE	MILLIPEDE	
GERBIL	SKUNK	
GLASS LIZARD	SLOTH	

ANIMALS

```
D  R  B  U  X  R  S  P  A  L  S  H  I  H  D
J  D  A  H  V  I  H  J  P  L  A  T  R  U  C
B  X  G  L  B  Q  R  Y  I  T  C  K  W  Z  L
P  F  B  R  L  C  I  O  L  J  U  Q  C  E  E
A  D  G  A  Z  I  M  R  G  L  Z  U  V  A  T
O  W  C  I  R  W  P  N  Q  O  J  N  S  F  J
N  J  Z  H  L  N  O  R  D  W  G  K  N  L  U
D  S  J  Y  I  A  A  Z  E  N  W  E  Q  Z  Y
N  G  Y  F  T  N  M  C  F  T  F  Q  Y  Q  B
D  N  U  O  H  D  O  O  L  B  A  H  G  G  X
Z  L  O  I  G  J  M  O  N  E  V  C  G  J  S
T  V  G  O  Q  V  D  Y  K  S  F  U  K  J  B
H  T  O  M  S  S  U  P  K  B  T  J  C  H  T
L  A  G  S  G  J  H  N  R  I  T  E  N  M  W
Y  L  B  N  Y  Z  S  Q  J  E  E  K  R  D  C
```

BARNACLE	BLOODHOUND	CATERPILLAR
CHINOOK	GILA MONSTER	JACKAL
PUSS MOTH	SHRIMP	

ANIMALS

```
C O C T S E M R D O K W N Z J
F N H O W L E R M O N K E Y V
Q N B V M U S S O P O W V X F
E Z O G K R Y E X W S R W U U
D K X S J T Z M C R W I W J Q
B U D G E R I G A R Q O S S H
G W J G F N O S I B D K L F R
U H Y H E A Q H N L C A M G Z
L I V E D Y N R O H T K G T T
Y P R V R T U A T A R A M R P
I P M F I N N I S H S P I T Z
E E D A R W I N S F R O G U Q
B T T Y G R J J Y P T Q B S K
S A W A T E R V O L E L F Q V
X T Z O K P Z P O J W Y D N U
```

BISON
BUDGERIGAR
DARWINS FROG
FINNISH SPITZ
GLOW WORM

HOWLER MONKEY
KAKAPO
OPOSSUM
THORNY DEVIL
TUATARA

WATER VOLE
WHIPPET

ANIMALS

```
W  I  G  R  E  Y  S  E  A  L  T  F  M  W  U
T  X  O  T  Q  J  J  O  K  D  C  W  T  E  W
M  A  B  W  S  R  A  R  B  C  H  R  C  C  R
K  N  E  A  V  E  P  F  A  O  Y  R  D  C  Y
Z  O  Z  A  W  R  A  V  S  S  N  Z  D  Y  L
T  B  S  C  W  D  N  U  H  W  U  O  R  P  C
Q  W  X  J  M  P  E  O  R  Y  M  O  B  F  A
J  U  O  N  A  W  S  G  X  C  A  E  A  B  S
J  Y  C  V  K  K  E  W  G  O  H  Y  P  D  E
I  N  Q  P  F  F  C  X  R  O  V  I  H  O  H
I  G  P  K  F  A  H  Y  C  E  C  P  N  Z  I
D  T  S  J  Y  D  I  L  H  C  I  C  G  Y  O
E  K  H  T  P  U  N  K  X  B  K  Q  M  C  M
B  L  A  Q  R  G  C  N  D  P  R  H  G  S  K
L  O  U  H  Z  A  H  T  D  Y  U  M  S  F  N
```

AKBASH	BONOBO	CICHLID
GREY SEAL	JAPANESE CHIN	SEA URCHIN
SWAN		

ANIMALS

```
P Q Z Y R D T E N C P Q B T P
U L G F T C T X T V N X E B O
W P W O Z P M Y A L P C A U R
Y P G O D D N A L N E E R G C
J N M L Y Y H B V F R Y I C U
C E A B I N C O S E S W G J P
S D A F U H W A B R I C N N I
Y A B F F T R A L R A U Z H N
P L G J Q I T S T E N V Z F E
B M O E F I T E P T U O V W S
P A G C V I L Z R Z P L U N H
X T Y K L U H I Y F S R B B K
V I P G Q Y C V P L L X P I E
I A C T B S T B I V D Y R C G
K N S B J W J E J W E G U M U
```

BEAR	FERRET	TAWNY OWL
BLUE LACY DOG	GREENLAND DOG	TIFFANY
BUTTERFLY	PERSIAN	
DALMATIAN	PORCUPINE	

ANIMALS

```
U  X  J  F  Q  Z  R  F  H  D  I  X  G  O  S
V  G  N  L  C  C  Q  Q  V  V  D  T  B  X  P
V  H  Q  Y  A  Z  D  P  Q  G  H  X  Q  J  K
N  P  G  U  L  E  O  H  D  N  C  I  Z  Y  O
M  R  K  M  U  A  S  N  K  X  J  O  G  K  W
B  A  R  B  Z  Z  V  T  K  F  X  J  N  X  I
R  G  X  N  G  D  D  R  N  E  A  Z  J  J  U
T  D  K  T  S  A  D  R  E  A  Y  O  Z  S  S
Y  O  S  W  D  X  J  D  K  S  H  F  A  N  O
G  L  R  E  Q  K  F  I  K  V  G  P  R  M  W
J  L  B  T  X  T  T  Q  D  A  L  F  E  B  X
I  F  X  L  O  H  K  X  E  T  B  A  T  L  N
R  E  E  D  R  I  P  P  V  W  U  T  H  Q  E
J  B  R  U  N  I  S  V  O  F  F  O  L  T  L
M  N  D  J  W  Y  P  E  G  C  H  E  V  L  U
```

BARB	DEER	ELEPHANT SEAL
LYNX	RAGDOLL	SERVAL
TORTOISE	ZONKEY	

ANIMALS

```
J  W  T  T  L  W  G  Z  L  J  Y  D  R  D  Y
Y  D  X  S  J  K  F  Q  D  K  W  H  Y  Z  J
A  B  E  K  M  W  B  O  Q  R  Z  K  T  S  C
M  A  I  N  E  C  O  O  N  C  I  F  W  M  D
G  W  C  Q  V  I  W  H  R  R  J  B  R  L  O
E  Z  A  R  M  E  H  Y  C  H  K  X  J  G  B
O  I  I  J  Q  M  O  E  W  W  I  U  J  S  N
J  D  Q  Z  I  O  P  T  C  F  O  O  E  A  O
T  I  H  T  T  O  P  I  N  C  Q  H  U  K  H
U  X  A  O  S  R  G  E  W  A  U  M  C  U  A
F  O  G  M  L  H  T  W  M  Q  H  N  T  H  Y
Y  R  K  Y  J  E  G  A  H  W  U  P  B  D  E
X  Z  M  J  X  N  E  S  B  E  C  C  E  C  B
M  X  H  H  P  S  O  P  Z  K  L  F  M  L  X
H  S  R  C  I  D  W  P  P  S  E  C  P  J  E
```

BAT	BIRD	CHOW CHOW
DHOLE	ELEPHANT	MAINE COON
MOORHEN	WASP	

Puzzle #16

ANIMALS

O Z A L G R U M B R M B H T C
J M A L A Y A N T I G E R E C
F Q J G C E U E N N L L A M F
A S Q F A G L I B O Y Q A S B
R P C T P Q N A Z R R S B S L
D E M X Y D U K H J A E M T A
I H I E B N F I H W V L H R G
C C D R A G L T K U E U O B V
C I F G R R S A F U Z K K P W
Q F V U A E S E X W D M N Y R
G Q U E R H T O A H Z F R I C
E V X N Q S V X P L N N V B M
Z P A D E M E L O N I U Y E H
R D G E O Y H A A F B O K W F
G I J J Q D T L L I R D N A M

AKITA	HERON	PADEMELON
CAPYBARA	MALAYAN TIGER	POLAR BEAR
FOX TERRIER	MANDRILL	SEA LION
FUR SEAL	MINKE WHALE	

ANIMALS

```
I  Z  C  B  I  F  L  C  Y  O  Z  U  X  Y  K
U  O  R  K  O  Q  B  E  B  R  T  J  N  E  U
M  R  R  E  C  D  E  M  F  A  E  L  T  R  J
K  R  M  I  H  O  C  P  M  I  Z  B  R  Z  G
A  W  E  N  V  S  F  D  N  Y  R  V  Y  H  P
S  L  O  D  I  E  I  N  E  S  T  W  S  W  K
D  G  L  R  N  R  R  F  O  G  O  L  J  Z  B
N  Q  I  I  R  A  D  D  G  S  A  R  P  R  L
V  Q  B  A  H  A  M  N  O  N  T  T  S  H  R
M  B  V  W  N  C  P  A  P  L  I  D  G  G  Z
E  K  B  G  S  T  N  S  L  F  P  K  S  N  E
X  M  U  R  W  F  C  I  U  A  G  H  S  S  Z
E  J  X  L  B  M  A  L  H  F  S  A  I  L  Q
N  L  C  L  V  S  E  M  A  C  Y  Z  Q  N  C
T  S  D  G  X  W  R  D  X  M  Z  G  J  Z  V
```

CHINCHILLA	GIANT CLAM	INDRI
KINGFISHER	RIVER DOLPHIN	SALAMANDER
SPARROW		

ANIMALS

```
Q  L  D  S  P  S  E  A  D  R  A  G  O  N  Y
C  T  L  M  X  R  O  H  G  O  E  D  Z  V  Q
T  Z  D  O  T  T  E  R  H  C  J  L  Z  O  W
D  E  G  L  U  H  T  T  E  U  G  W  C  P  U
Y  D  V  E  T  Q  X  R  N  C  B  A  S  E  R
T  H  V  I  D  E  T  S  D  I  O  J  C  D  K
U  Z  S  U  C  E  O  O  Z  F  O  N  V  M  K
L  Y  V  Q  L  N  P  Y  L  M  V  P  I  D  I
T  W  D  D  U  F  A  I  B  Y  K  V  A  H  L
P  N  Z  S  L  I  W  Y  T  H  E  D  F  V  R
Y  P  Y  S  M  C  R  R  A  N  X  K  Y  X  X
J  I  G  P  S  W  J  R  V  L  E  E  N  Y  E
B  J  Q  L  C  S  L  M  E  T  A  C  B  O  B
S  B  Z  Q  B  S  Z  N  C  L  Z  M  J  F  M
S  A  Q  A  C  R  V  F  Q  C  E  S  O  Z  D
```

BOBCAT	MONKEY	RHINOCEROS
CENTIPEDE	OTTER	SEA DRAGON
MALAYAN CIVET	POINTER	SQUIRREL
MOLE	QUOLL	

ANIMALS

```
T  A  T  M  X  P  I  G  U  F  Z  K  H  K  L
C  P  B  R  O  A  T  K  V  I  V  L  O  Q  L
K  A  E  Z  E  Y  R  L  I  Z  U  C  K  J  K
O  V  O  P  F  T  F  Y  Q  Z  G  K  M  U  R
S  Z  W  M  H  X  A  K  H  X  G  I  R  F  N
F  K  I  P  Q  H  I  K  E  K  L  W  P  O  Q
N  M  O  L  G  U  I  D  S  T  C  K  R  G  W
O  R  B  Q  Y  H  G  S  P  D  M  O  V  N  L
S  N  T  O  S  T  U  U  J  H  N  W  R  Q  Y
K  E  S  E  T  L  A  M  I  O  Y  O  A  J  L
Z  G  Q  G  O  I  N  O  R  S  T  M  P  I  K
R  J  F  P  T  J  A  H  G  T  U  B  W  F  M
W  V  R  J  K  B  R  M  W  C  R  A  S  Y  F
N  L  F  W  B  R  Z  Z  F  F  H  T  X  X  I
S  C  A  T  F  I  S  H  V  U  N  B  O  R  I
```

CATFISH	GOAT	IGUANA
MALTESE	POND SKATER	ROCK HYRAX
UGUISU	WOMBAT	

ANIMALS

```
R  P  I  F  P  M  C  T  D  N  X  F  Z  X  W
X  G  O  R  S  M  R  Y  R  J  C  N  U  Z  P
W  H  X  W  E  E  T  P  M  B  C  E  Q  K  O
U  A  E  U  A  A  I  U  L  Q  J  D  S  P  D
I  R  G  L  H  L  E  E  T  A  N  A  M  I  N
B  I  N  R  O  P  R  T  I  B  B  A  R  A  D
Y  A  U  S  R  I  J  U  O  J  H  S  M  Q  C
J  L  R  T  S  O  R  U  S  Y  Q  R  T  R  R
Y  I  S  C  E  S  A  O  Q  P  O  G  R  Y  X
Z  U  E  K  O  D  M  T  N  D  A  C  F  D  U
S  O  S  I  T  R  R  O  X  E  N  H  B  M  U
Z  Q  H  U  E  L  V  M  N  N  D  D  M  U  U
L  I  A  U  Q  G  R  A  X  U  N  L  L  J  S
M  Q  R  Y  V  Z  V  D  O  M  Z  C  O  H  Z
C  K  K  U  B  C  X  A  D  Y  G  O  D  G  X
```

COYOTE	MANATEE	SEAHORSE
CRAB	NURSE SHARK	WALRUS
GHARIAL	QUAIL	
GOLDEN ORIOLE	RABBIT	

ANIMALS

```
H E R H Y T H C V N P L J Q J
F Q C X E Z E C K E N D S K N
T T W A T E R B U F F A L O I
P M K Y K R O Z S T W Y X U X
E Q S P L A U P W B B H P R X
R N S G P L N S H Q D S O C H
S P I N Y D O G F I S H G H I
L S H R R H G J A F W C A I T
L T X M E I X A V R H O K M H
E B O C D V N V D H O N O P T
I H V L W D L Z B E R O P A E
R A G U O C K O A B N O X N V
V R N D L X D R W U S U T Z N
A E Z F F B A P T T B A N E G
K Q G K R I Y S F N R Z F E Z
```

AXOLOTL

CHIMPANZEE

COUGAR

HARE

KANGAROO

RED WOLF

SPINY DOGFISH

WATER BUFFALO

WOLVERINE

ANIMALS

```
J  M  D  R  I  B  A  L  L  E  R  B  M  U  S
N  B  Y  G  P  Y  B  X  T  L  Z  Q  P  I  T
G  O  D  N  O  O  C  C  A  R  G  B  R  O  I
V  R  U  E  I  H  A  V  A  N  E  S  E  E  C
E  D  Y  E  L  P  U  M  A  R  T  E  T  D  K
D  E  S  D  P  I  A  P  S  H  G  U  K  C  I
B  R  D  N  N  E  H  K  F  O  M  A  Z  B  N
V  C  O  M  M  O  N  T  O  A  D  C  Y  A  S
N  O  I  L  K  O  H  G  X  U  O  G  V  U  E
P  L  J  L  Z  M  U  G  U  V  A  A  B  I  C
U  L  A  U  U  Y  C  N  W  I  T  N  P  Q  T
W  I  S  P  I  D  E  R  M  O  N  K  E  Y  P
P  E  I  Z  O  P  C  K  B  M  U  E  X  E  M
G  Y  H  U  W  Z  J  T  F  L  G  H  C  B  L
U  I  S  M  G  D  I  J  U  L  M  D  N  S  O
```

BORDER COLLIE	PENGUIN	TETRA
COMMON TOAD	PUMA	UMBRELLABIRD
HAVANESE	RACCOON DOG	
LION	SPIDER MONKEY	
OKAPI	STICK INSECT	

ANIMALS

P A M C Q K J F P L G P X S W
S H P B L V M I K G E K T M J
E E Z Z C V E L F F S W K I H
H G L A N T E L O P E U T F U
L B R F J E H F D W Y E S V G
B A N D I C O O T O C D S Y T
L F T O Y E S A M M O M L W G
W P U F B A B O O N A P Q G X
L U S K B O M B A Y C C X N K
T N Y E B A R R A C U D A T F
T H B N A S I V B L X N R W M
S P E K I N G E S E B S N E F
N E E H U T G J N I K P Z P O
X F F C B V W C M B F Y V E G
K H L T M J N N P M S O M D D

ANTELOPE   BOMBAY   POODLE

BABOON   MACAW

BANDICOOT   OLM

BARRACUDA   PEKINGESE

ANIMALS

```
P  V  B  G  P  C  Z  H  T  S  X  D  H  E  K
M  S  R  A  T  T  L  E  S  N  A  K  E  J  W
V  A  I  C  S  J  I  E  N  K  D  H  X  W  R
N  S  R  A  T  E  V  Y  S  I  C  J  F  U  O
S  N  Y  E  M  Q  N  E  D  A  H  U  M  K  Q
S  R  F  N  T  E  S  J  L  E  E  P  D  B  Z
E  I  X  T  O  T  S  O  I  G  S  W  L  D  W
B  L  T  A  K  R  E  E  M  D  A  P  O  O  R
R  J  R  T  M  Z  Z  S  V  A  O  E  N  C  D
R  K  T  L  S  S  R  A  H  I  L  G  X  T  Q
C  Y  N  J  D  X  N  J  K  S  F  I  V  O  O
E  Z  H  O  K  R  U  N  A  C  I  L  E  P  Z
Y  D  X  K  V  Q  A  R  A  H  G  R  U  U  I
D  Y  D  J  Y  C  I  Z  F  F  M  V  I  S  V
D  S  N  N  O  G  A  R  D  R  E  T  A  W  K
```

BASENJI DOG	MEERKAT	SOMALI
DOLPHIN	OCTOPUS	WATER DRAGON
DUCK	PELICAN	WEASEL
EAGLE	RATTLESNAKE	
IRISH SETTER	SIAMESE	

ANIMALS

```
Y  Y  W  R  W  Y  R  A  F  F  E  H  Q  J  V
T  E  Y  Z  W  F  R  C  K  N  Y  I  W  Z  O
S  C  Q  Q  K  T  G  I  V  Z  K  U  V  O  Y
R  Y  Q  S  I  S  S  L  O  W  W  O  R  M  L
G  Q  S  G  D  K  G  L  F  W  F  I  T  J  O
V  L  K  B  D  H  S  E  Y  Y  K  L  J  Q  J
A  N  Y  C  L  V  C  C  J  A  L  R  L  B  I
E  M  L  W  M  I  T  H  N  Q  G  L  I  Y  D
Q  M  M  Z  P  P  T  I  D  Z  H  W  O  C  V
X  V  W  Z  S  I  I  H  B  A  V  N  N  M  Y
G  B  A  V  K  W  G  U  P  P  Y  U  F  U  C
R  F  A  H  L  F  Z  A  L  A  P  M  I  Y  K
L  T  E  V  P  T  S  H  D  Q  Q  B  S  F  V
D  E  I  J  G  A  N  U  A  E  J  A  H  T  G
H  C  T  Z  Z  F  X  A  L  P  H  T  S  M  L
```

ANT	CHIHUAHUA	GUPPY
IMPALA	LIONFISH	MOLLY
NUMBAT	SLOW WORM	

ANIMALS

```
Q G U M Z W M K M F K V X W X
U T W H Y D R O C A K Z F R U
S R T G Z B J E N A X K K A K
U H Z K W N R R V G I Y K S G
G P A B F X A E I E R M O S X
W T N E G G X G D G R E A E N
J I P O K O Y O G N I D L N Z
N G X B D Y O H F E U B A B Y
I P O X X Z K B P C Y O B D K
C N R I E R J O D T I X L O O
X C B F U L D E T A O T S F N
Z X T Y T C B F C Q C O C J F
Z M J Y C O I F C B T Z P R M
O A A C C X T L Y R L M G V A
T S M P F L R O U V Y F U J X
```

ARCTIC FOX   FLOUNDER   STOAT
CAIMAN   GIBBON   WRASSE
DINGO   KOALA
DREVER   MONGREL

ANIMALS

```
I  G  R  E  Y  H  O  U  N  D  R  Z  P  U  R
Q  Q  T  H  L  P  N  Q  V  O  F  I  K  F  G
M  N  M  J  V  E  S  S  B  W  Z  X  D  G  Z
T  J  Z  B  N  P  C  A  J  J  M  Y  M  C  U
A  S  S  W  X  M  J  T  N  A  G  T  V  F  P
W  T  E  Z  N  S  I  A  R  B  M  H  C  M  Y
G  G  V  E  E  Z  N  M  N  I  J  U  H  W  E
H  X  V  N  B  V  Z  A  U  E  C  U  M  F  F
D  O  W  X  R  E  Z  H  R  H  Y  E  E  M  S
U  J  T  F  D  P  D  K  G  O  P  H  E  R  S
G  O  W  X  H  O  B  L  U  E  W  H  A  L  E
O  K  N  Z  O  J  J  O  I  D  S  C  R  N  O
N  U  R  P  P  U  M  O  N  W  U  O  G  C  D
G  K  K  L  R  O  Y  K  H  G  V  K  O  N  K
W  H  S  I  F  N  O  I  P  R  O  C  S  G  J
```

BLUE WHALE	GOOSE	KUDU
BONGO	GOPHER	SCORPION FISH
DUGONG	GREYHOUND	WILDEBEEST
ELECTRIC EEL	HYENA	

ANIMALS

H J H I J R Z Y C H O N W T Y
J S N E A N D E R T H A L T F
U A B U H J W Z Q W A B E J D
P I U D I D M Z J W G J I J W
J N L H L G N A T U G N A R O
A T L K P T J C X R E J J G K
V B M D A I L G H M X L K E Y
O E A C P V H S W A G N W K W
C R S G O R F N O M M O C H B
E N T N T W O I S J O O R A S
T A I B J O R T Q A M C I F C
R R F V S C O R P I O N U S T
G D F E B L S L Q A D L L D H
B P N N E W F O U N D L A N D
T G N I M M E L W V P Z L F N

AVOCET

BULL MASTIFF

CHAMOIS

COMMON FROG

COW

FROG

LEMMING

NEANDERTHAL

NEWFOUNDLAND

ORANGUTAN

SAINT BERNARD

SAOLA

SCORPION

ANIMALS

```
R  K  A  L  F  J  U  N  X  P  E  N  C  J  E
L  R  O  Y  C  A  J  Y  X  H  L  Y  O  U  O
M  K  C  E  T  A  Y  P  K  E  U  Z  T  X  S
S  E  A  S  L  U  G  U  L  A  I  H  B  E  E
E  L  P  L  A  T  Y  P  U  S  C  M  Z  M  S
A  Q  A  Q  Q  R  R  X  D  A  R  E  P  T  U
S  G  W  D  X  U  E  U  I  N  L  O  F  K  P
Q  O  W  T  Y  U  H  L  T  T  B  M  S  S  U
U  O  G  G  P  B  M  I  I  R  A  J  S  P  A
I  A  P  N  N  X  I  D  U  E  E  C  D  U  Y
R  X  W  E  I  M  J  R  F  L  W  V  O  L  B
T  D  A  H  G  M  T  A  D  G  A  T  I  O  G
L  W  H  W  Z  B  A  L  E  M  U  R  T  R  Y
X  I  I  F  L  P  M  L  B  E  X  P  O  O  P
O  L  S  W  B  M  L  B  F  J  X  F  H  C  R
```

CAT	LEMUR	ROTTWEILER
CORAL	PHEASANT	SEA SLUG
FLAMINGO	PLATYPUS	SEA SQUIRT
LADYBIRD	RIVER TURTLE	

ANIMALS

D	L	R	Z	P	P	M	U	K	P	M	P	W	V	L
U	M	B	B	X	H	O	U	R	A	O	D	B	D	L
M	T	C	C	O	H	M	T	S	L	N	X	W	L	A
A	V	S	R	G	W	N	C	U	S	G	C	P	L	B
N	R	O	O	G	R	A	S	S	H	O	P	P	E	R
T	K	M	C	Z	O	M	Z	V	F	O	P	P	I	A
U	Y	A	O	T	C	R	A	N	E	S	D	Q	N	D
U	V	F	D	I	A	U	F	J	I	E	V	P	X	O
U	H	S	I	F	N	W	O	L	C	P	H	C	A	O
P	Y	G	L	Y	T	T	R	W	L	M	X	Z	B	D
T	F	Y	E	K	N	O	D	M	S	U	Z	X	W	L
C	B	A	L	S	U	J	P	A	T	V	B	Q	R	E
U	L	Q	B	D	L	F	G	I	S	G	M	Y	E	M
E	Y	J	X	Z	M	I	L	H	X	I	C	M	B	U
O	R	Q	A	T	Y	C	D	K	W	M	T	O	Q	Z

BULLFROG   DONKEY   POSSUM
CLOWN FISH   GRASSHOPPER
CRANE   LABRADOODLE
CROCODILE   MONGOOSE

ANIMALS

J U S P E S L I C G H L I R S
Y Y R U S M K X O T Z Y A E S
Y L T K P V H Y T Y H G D K V
P P Y Y E M H S V R E E L Y H
W S W Z R Z G B L J R X Y X M
B V S U M A T O P O P P I H J
A K E L W O U Y D I I I F H V
Y U N Z H O H L Q U M E B A W
Y Q G V A Y O B J D N E C Y R
J L Z M L M Y A R G N I T S W
J G F K E K R A H S E L A H W
U G E O M J U X A C D K I A C
B T H Y H E O I F S Q J B A H
T W N C P J O X F P Q V X J G
D P A Z K I G W O Y N O U X B

AINU DOG EMU FLY
HIPPOPOTAMUS SPERM WHALE STINGRAY
WHALE SHARK

ANIMALS

```
R  V  I  I  J  V  B  H  X  R  E  E  V  R  N
B  I  C  H  O  N  F  R  I  S  E  K  V  T  Z
O  C  A  R  O  L  I  N  A  D  O  G  W  S  R
S  F  B  A  F  T  L  C  W  N  I  U  K  J  M
F  L  H  U  X  A  Y  I  T  E  L  Y  I  C  N
W  Y  K  C  L  O  R  V  D  I  V  F  N  O  Z
H  S  I  F  Y  L  L  E  J  A  G  Z  G  C  D
W  P  A  V  T  A  S  R  U  N  M  E  C  K  S
N  N  S  M  K  N  T  H  K  T  K  R  R  R  V
E  W  D  N  U  O  H  N  A  H  G  F  A  O  S
C  J  W  B  I  Q  Z  L  Q  R  B  N  B  A  C
E  V  M  K  E  S  U  O  F  Y  K  S  E  C  E
Y  Z  E  L  A  H  C  T  P  P  E  S  M  H  I
G  A  J  R  G  U  I  N  E  A  P  I  G  V  L
X  N  E  S  U  O  L  D  O  O  W  G  G  J  E
```

AFGHAN HOUND
ARMADILLO
BICHON FRISE
BULL SHARK
CAROLINA DOG

CESKY FOUSEK
COCKROACH
GUINEA PIG
JELLYFISH
KING CRAB

TIGER
WOODLOUSE

ANIMALS

```
B  G  C  Q  I  D  R  E  U  D  B  S  Y  D  V
D  C  O  J  G  H  G  X  S  W  S  V  B  H  U
G  W  B  D  H  Q  M  P  V  Q  B  M  X  V  Q
U  N  D  M  E  B  T  V  F  N  U  R  A  N  K
D  B  A  R  K  S  K  K  H  S  F  I  U  Z  D
J  B  I  I  A  A  E  F  P  N  F  A  D  N  P
K  G  A  N  N  Z  O  N  S  E  A  B  F  E  C
Y  S  G  V  X  I  I  Z  G  R  L  U  F  C  T
O  K  G  I  D  T  S  L  W  O  O  T  H  H  M
F  K  J  O  U  L  K  S  K  N  L  X  E  E  O
X  Z  Q  I  Z  K  V  J  Y  F  K  O  C  E  S
A  Z  N  D  A  F  B  Q  T  B  R  N  B  T  B
G  Y  T  Y  R  A  W  O  S  S  A  C  F  A  R
T  X  D  I  F  P  V  W  A  L  V  M  N  H  W
J  A  S  P  J  A  D  E  J  K  L  H  N  M  H
```

ABYSSINIAN	BEETLE	BOLOGNESE DOG
BUFFALO	CASSOWARY	CHEETAH
LIZARD	SQUID	

ANIMALS

```
S  G  T  W  Z  O  R  E  Q  W  B  N  P  K  Z
J  B  U  H  H  G  U  C  E  N  T  N  M  N  V
S  U  R  H  K  N  L  L  A  G  U  P  A  U  E
P  T  K  W  G  V  F  J  E  V  N  J  P  R  K
M  I  E  L  A  H  W  R  E  L  L  I  K  E  F
V  D  Y  V  U  V  L  D  Z  H  E  A  U  V  Z
J  O  R  E  I  R  R  E  T  L  L  U  B  H  C
M  Q  L  N  U  C  O  A  G  I  U  P  X  D  M
Q  A  H  B  I  V  N  P  K  V  I  D  Q  U  X
T  Z  Y  K  H  F  C  A  Z  K  Z  W  L  Q  A
K  D  T  E  H  D  F  T  C  Y  O  D  U  F  T
O  T  E  X  A  S  O  U  P  I  G  U  V  K  B
G  X  X  K  U  Y  M  D  P  S  R  N  Q  C  R
Q  T  A  R  S  I  E  R  O  O  T  F  A  W  K
Y  T  R  F  W  E  R  Q  S  Q  K  N  A  T  K
```

AFRICAN CIVET	KILLER WHALE	TANG
AYE AYE	PIG	TARSIER
BULL TERRIER	PUFFIN	TURKEY
DODO	QUOKKA	

ANIMALS

```
S  O  R  J  Z  A  C  E  E  M  U  H  F  H  I
Z  V  D  E  G  I  Z  F  B  R  A  B  X  A  S
K  H  A  D  I  G  G  E  O  G  T  A  Q  S  L
E  I  G  R  Z  R  Y  O  O  I  O  Z  L  T  F
O  I  N  O  C  U  R  D  R  I  Q  Q  U  R  X
K  U  L  G  H  T  R  E  L  F  V  T  N  H  I
H  A  E  L  P  E  I  Y  T  D  H  C  X  Z  L
N  A  J  M  O  E  G  C  C  N  F  S  N  B  B
F  T  R  D  R  C  N  D  W  G  R  B  R  A  T
P  N  U  R  T  E  L  G  E  O  K  I  H  A  L
X  Y  E  W  I  Y  G  F  U  H  L  T  A  Z  M
B  R  E  T  A  E  T  N  A  I  I  F  N  C  V
Z  S  X  Q  G  E  R  P  O  N  N  D  O  W  M
S  U  Q  K  P  F  M  N  E  P  K  W  K  J  S
N  P  H  X  G  J  T  B  R  U  S  E  A  R  N
```

ANTEATER	HARRIER	SPONGE
ARCTIC WOLF	HEDGEHOG	
CAIRN TERRIER	KING PENGUIN	
COLLIE	MARSH FROG	

ANIMALS

J	Y	E	K	N	O	M	T	E	V	R	E	V	E	A
D	B	B	O	B	V	G	J	D	U	M	H	L	N	P
D	R	U	E	E	S	R	O	H	S	P	K	U	J	S
Y	U	S	M	F	Q	O	B	H	K	V	G	M	J	T
Z	Y	R	X	B	O	U	B	B	U	L	L	D	O	G
T	G	D	D	S	L	S	U	A	H	P	A	F	M	P
S	F	D	Y	T	Y	E	H	S	O	Q	X	B	A	L
B	J	B	D	F	K	I	B	S	R	U	T	X	S	K
T	X	O	C	P	L	V	W	E	N	C	T	W	T	G
W	I	V	L	Y	Y	J	G	T	E	A	R	W	I	G
C	I	V	H	L	U	H	H	H	D	R	E	U	F	O
C	M	W	Y	P	M	X	P	O	F	P	S	K	F	Y
C	E	A	D	I	U	Z	R	U	R	J	L	G	T	W
S	G	V	C	I	D	J	Y	N	O	B	P	Y	V	R
Z	T	P	L	Z	U	K	P	D	G	J	F	N	M	T

BASSET HOUND	GROUSE	VERVET MONKEY
BULLDOG	HORNED FROG	
BUMBLE BEE	HORSE	
EARWIG	MASTIFF	

ANIMALS

```
X  V  B  Z  W  H  J  H  S  F  S  Y  U  A  Y
L  R  M  T  X  E  Q  W  T  H  Q  E  W  F  K
M  A  H  S  O  G  S  E  F  B  G  F  M  A  I
Q  X  Y  S  F  D  B  T  S  L  B  C  T  X  D
U  V  X  N  I  S  M  C  A  E  X  B  F  B  L
W  H  E  R  L  F  M  H  M  R  N  J  H  R  X
J  N  X  X  Q  K  L  M  U  X  F  A  D  S  Y
A  Q  E  A  D  N  G  E  Q  P  A  I  V  V  V
G  Y  J  K  R  A  H  S  G  N  I  K  S  A  B
U  O  E  Q  C  C  E  Q  O  N  W  B  O  H  J
A  W  D  V  N  I  P  O  S  P  A  P  K  R  Z
R  U  H  K  L  W  H  W  G  A  V  R  T  G  K
G  S  C  T  O  L  E  C  O  R  R  G  T  F  U
M  N  F  C  E  B  E  V  I  I  T  W  L  A  J
M  L  Q  N  R  A  L  D  W  T  Q  B  H  M  H
```

ANGELFISH	BASKING SHARK	CHICKEN
DOG	JAGUAR	JAVANESE
OCELOT	STARFISH	

ANIMALS

```
B  A  L  I  N  E  S  E  Z  H  Z  P  U  E  G
O  A  G  P  V  C  N  M  N  R  I  M  C  U  O
T  G  R  R  C  N  K  L  J  Z  G  C  Z  E  F
S  A  G  N  I  G  T  M  T  I  V  M  V  D  F
Y  U  B  V  O  Z  U  J  L  W  F  U  K  G  Y
V  T  K  E  Q  W  Z  I  W  O  E  I  G  D  Q
E  L  U  N  R  U  L  L  N  S  U  C  S  I  D
G  N  X  X  Q  I  P  S  Y  E  A  S  R  U  J
C  M  W  O  L  R  P  L  O  B  A  A  V  T  K
P  Y  W  A  U  E  O  M  K  N  E  F  M  W  W
N  H  P  I  R  A  N  H  A  D  U  A  O  F  M
B  S  K  P  E  P  G  A  K  V  J  I  R  W  W
E  I  D  U  P  J  A  C  K  R  U  S  S  E  L
D  A  Z  E  M  R  N  N  L  Q  A  I  H  P  K
N  E  S  Q  T  Q  V  V  G  Z  Y  M  L  Z  B
```

BALINESE	GUINEA FOWL	PRAWN
BARN OWL	JACK RUSSEL	VAMPIRE BAT
DISCUS	MARKHOR	
GRIZZLY BEAR	PIRANHA	

ANIMALS

H	U	M	M	I	N	G	B	I	R	D	M	O	S	B
T	O	A	N	D	I	H	C	E	I	V	A	Z	B	I
Y	L	F	Z	B	R	T	W	W	O	U	Y	Y	Q	K
N	N	P	U	P	I	E	A	W	E	L	R	P	Q	Z
Z	J	I	Z	M	D	N	G	O	G	T	H	F	F	X
K	G	K	R	A	Z	Y	T	I	C	U	L	W	P	N
E	B	E	L	A	R	H	P	U	T	R	J	Q	U	L
B	B	G	A	R	M	L	F	Z	R	E	R	V	L	Z
B	Q	N	I	E	M	A	I	F	J	O	T	N	V	I
B	A	P	A	R	R	O	T	O	O	J	N	I	C	F
T	M	G	B	L	A	W	T	D	A	H	A	G	H	S
U	B	I	Q	L	O	F	S	H	E	O	P	K	L	W
N	P	I	H	H	E	U	F	V	W	I	E	R	S	H
B	R	M	S	S	T	J	L	E	A	Z	P	F	N	J
Q	G	V	C	A	S	Z	Y	Z	G	G	F	D	L	P

BINTURONG	HUMMINGBIRD	PIKE
COATI	MOTH	VULTURE
ECHIDNA	PARROT	WHITE TIGER
GIRAFFE	PIED TAMARIN	

ANIMALS

```
S  O  M  N  W  N  X  C  N  I  D  N  H  T  S
B  G  B  X  I  M  J  J  Q  F  T  Y  W  X  L
E  J  Q  S  E  G  A  N  S  H  I  H  T  Z  U
H  U  I  V  D  O  H  R  S  O  G  T  L  G  V
Q  D  G  N  I  R  C  T  I  F  F  L  V  A  W
G  U  X  S  B  I  A  A  I  N  O  A  R  P  G
X  O  L  C  L  L  N  G  N  N  E  K  A  N  S
H  D  H  L  E  L  E  J  O  A  G  T  E  X  I
L  P  L  T  F  A  N  M  C  N  A  A  O  W  T
I  Z  E  B  R  A  J  D  A  C  F  N  L  A  T
J  E  T  C  O  A  S  B  T  C  F  L  D  E  D
U  Z  F  L  G  B  W  T  H  K  A  W  Y  O  G
W  U  S  I  L  V  E  R  D  O  L  L  A  R  G
U  V  F  S  E  S  R  J  G  W  B  Q  I  W  I
C  J  N  U  F  B  H  O  Q  B  Y  X  O  V  G
```

CAMEL	MARINE TOAD	WARTHOG
CANAAN DOG	NIGHTINGALE	ZEBRA
DRAGONFLY	SHIH TZU	
EDIBLE FROG	SILVER DOLLAR	
GORILLA	SNAKE	

ANIMALS
Puzzle # 1

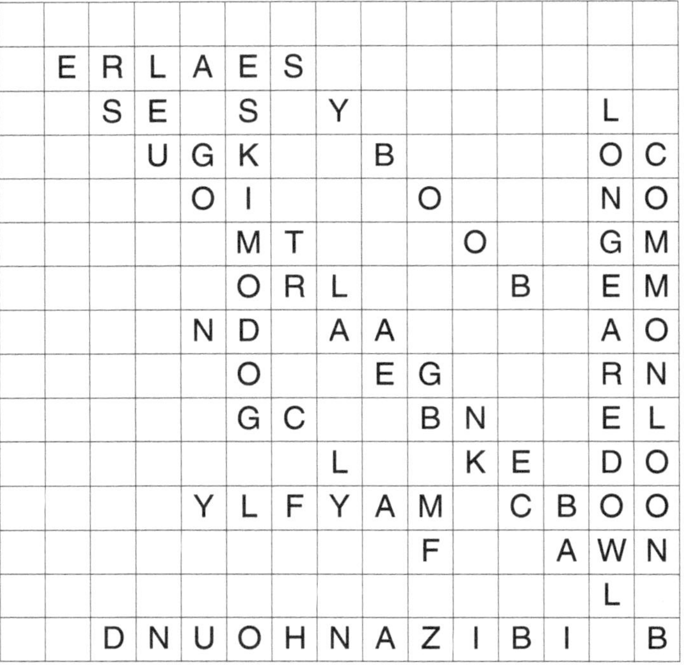

ANIMALS
Puzzle # 2

ANIMALS
Puzzle # 3

ANIMALS
Puzzle # 4

ANIMALS
Puzzle # 5

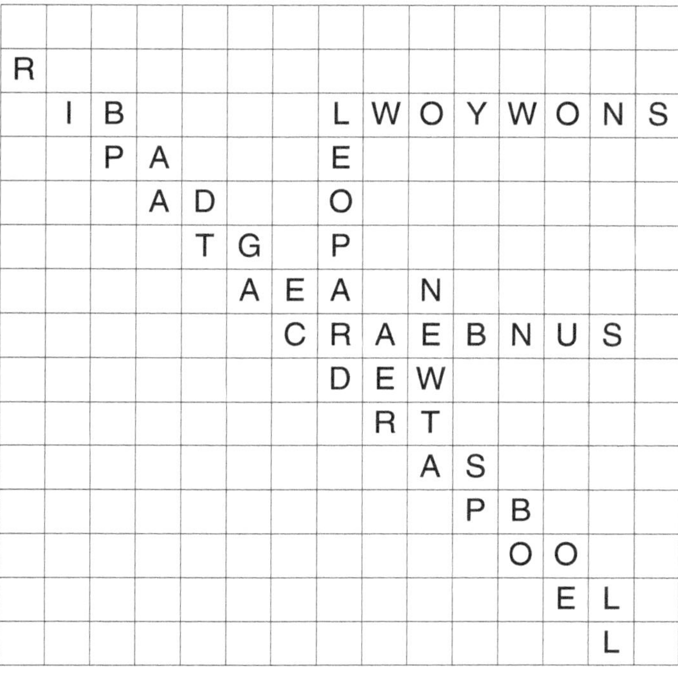

ANIMALS
Puzzle # 6

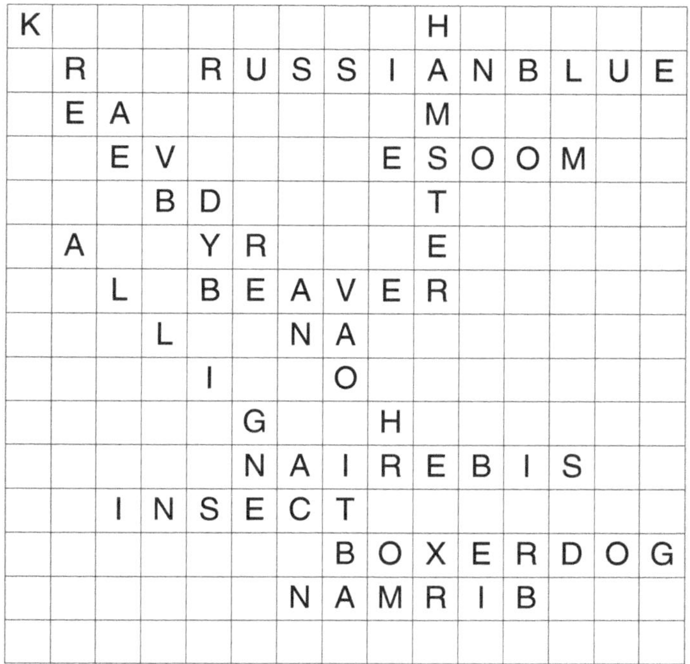

ANIMALS
Puzzle # 7

ANIMALS
Puzzle # 8

ANIMALS
Puzzle # 9

```
L E O P A R D S E A L W
    L       S L O T H O
      A       U       O
      K H       C       D
    C N   W       S   P
    H   U   N       U E M
    A     K   I       C I
    M       S   F     K L
    E           M       E L
G L A S S L I Z A R D R I
G E R B I L       G       P
    O               P   E
    N                   I D
                          E
      Y E K N O M Y L L O O W
```

ANIMALS
Puzzle # 10

```
    R         S     L
      A         H       A
        L       R       K
        B L   I             C
        G A   I M             A
        C I R   P               J
          H L N   R
            I A A   E
            N M C   T
D N U O H D O O L B A
                O N E   C
                K S
H T O M S S U P     T
                      E
                        R
```

ANIMALS
Puzzle # 11

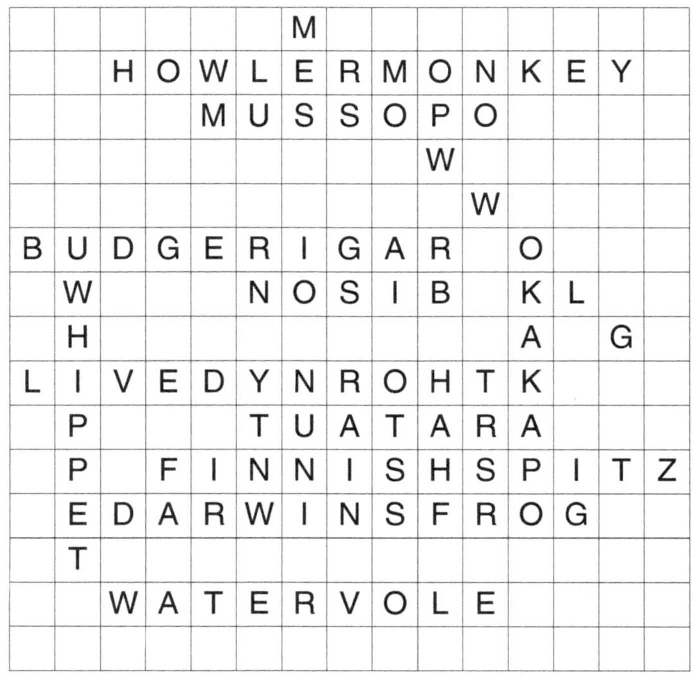

ANIMALS
Puzzle # 12

ANIMALS
Puzzle # 13

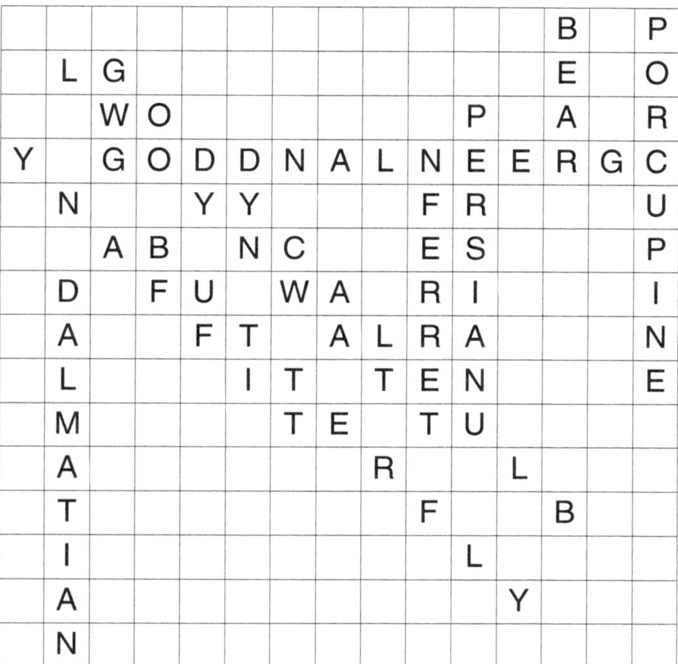

ANIMALS
Puzzle # 14

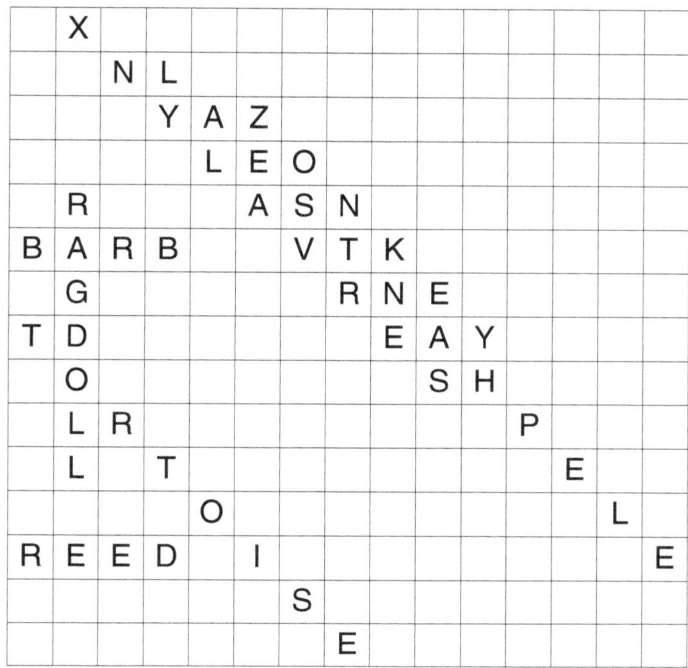

ANIMALS
Puzzle # 15

ANIMALS
Puzzle # 16

ANIMALS
Puzzle # 17

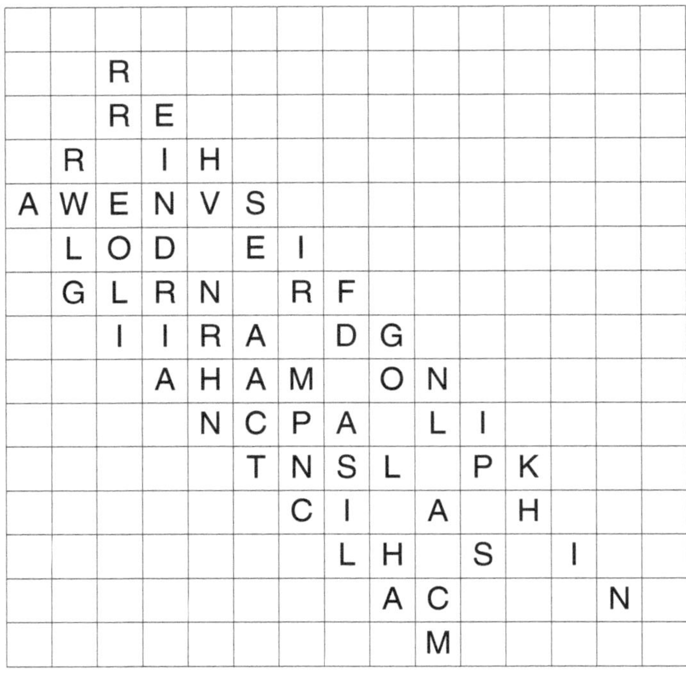

ANIMALS
Puzzle # 18

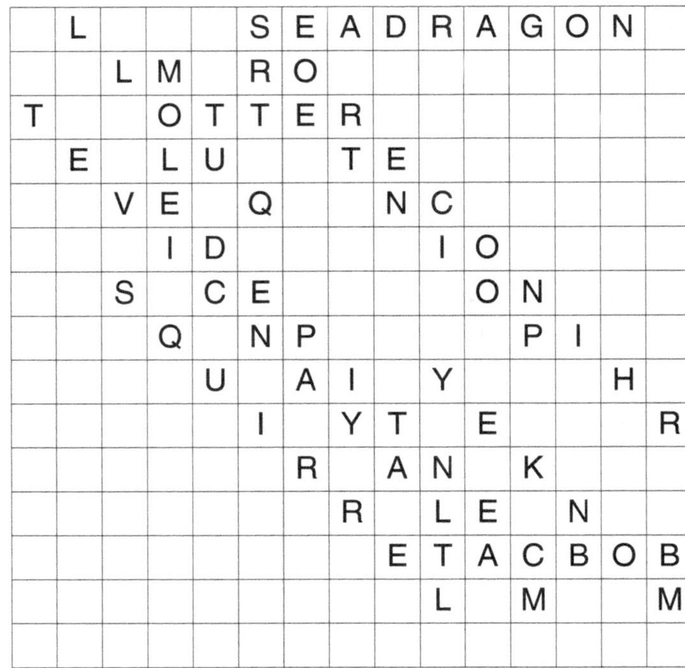

ANIMALS
Puzzle # 19

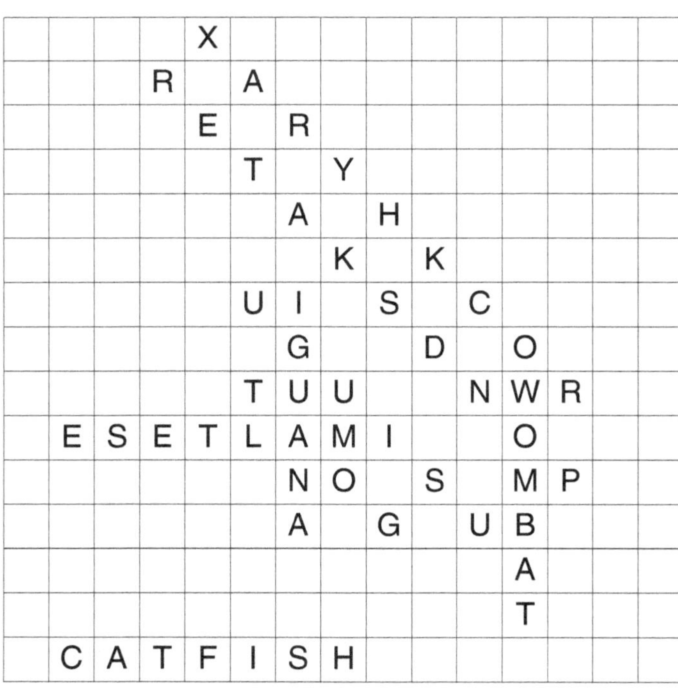

ANIMALS
Puzzle # 20

ANIMALS
Puzzle # 21

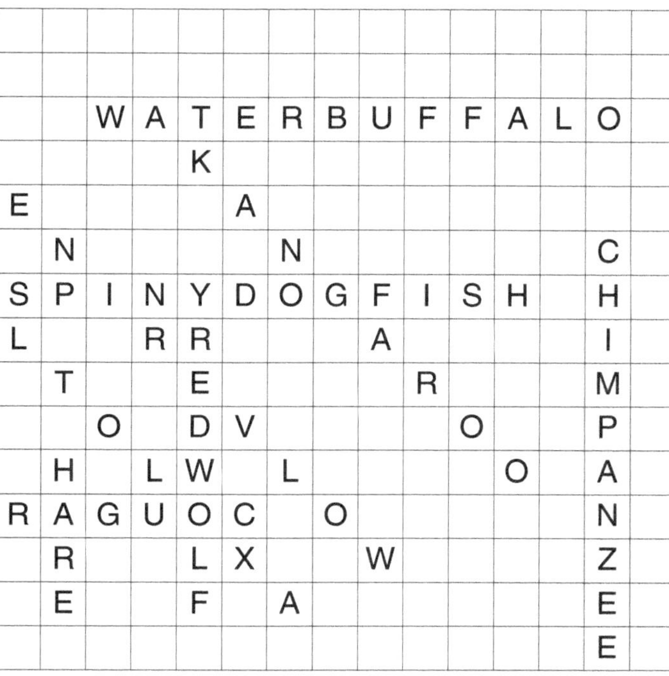

ANIMALS
Puzzle # 22

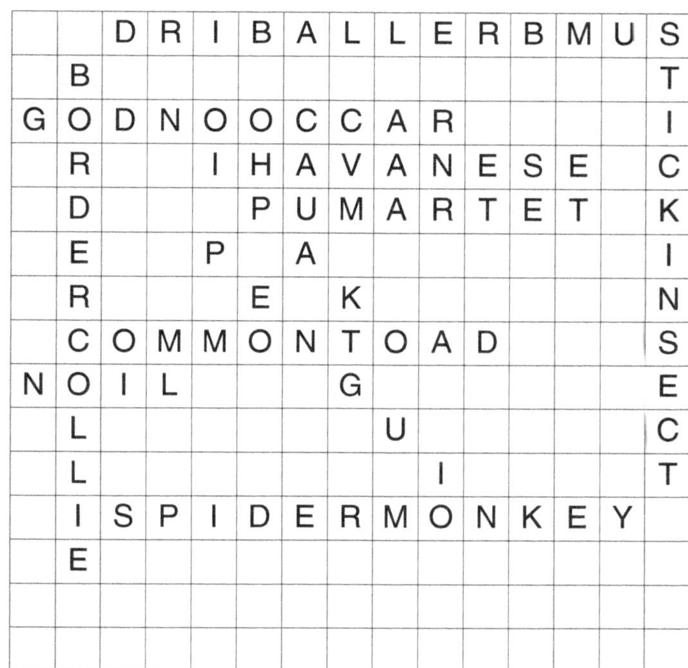

ANIMALS
Puzzle # 23

ANIMALS
Puzzle # 24

ANIMALS
Puzzle # 25

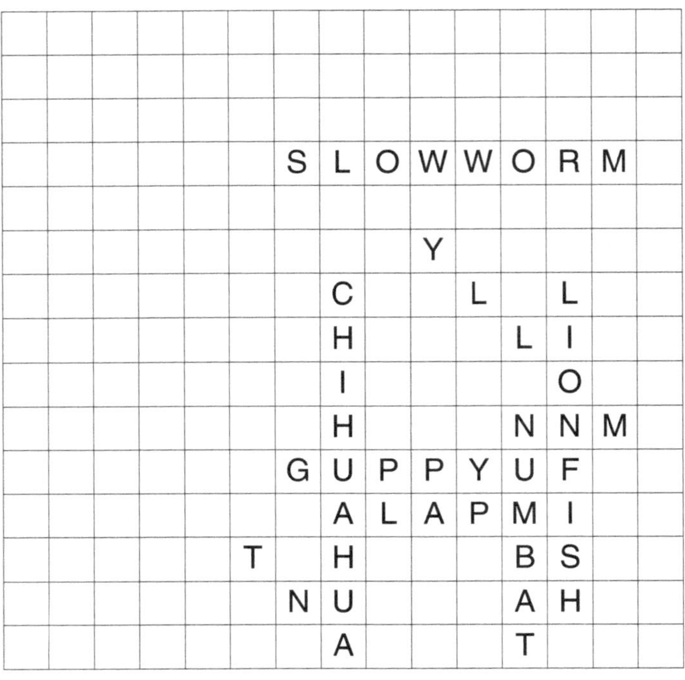

ANIMALS
Puzzle # 26

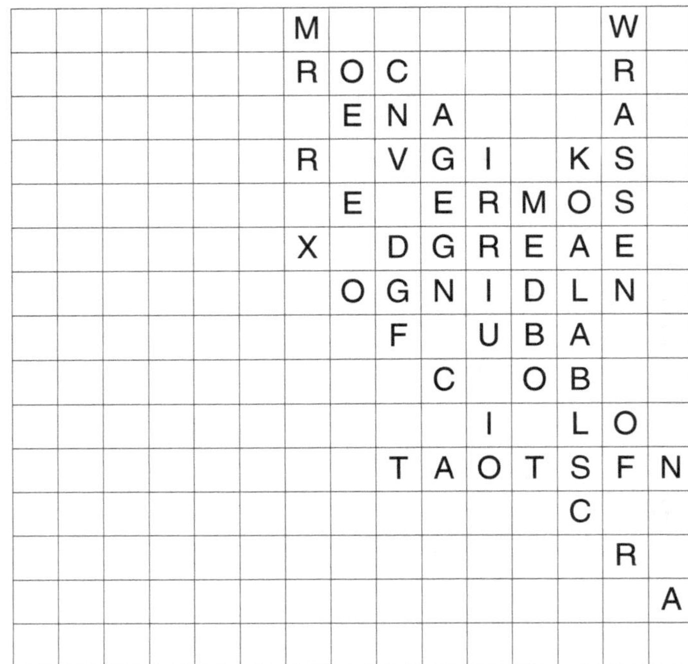

ANIMALS
Puzzle # 27

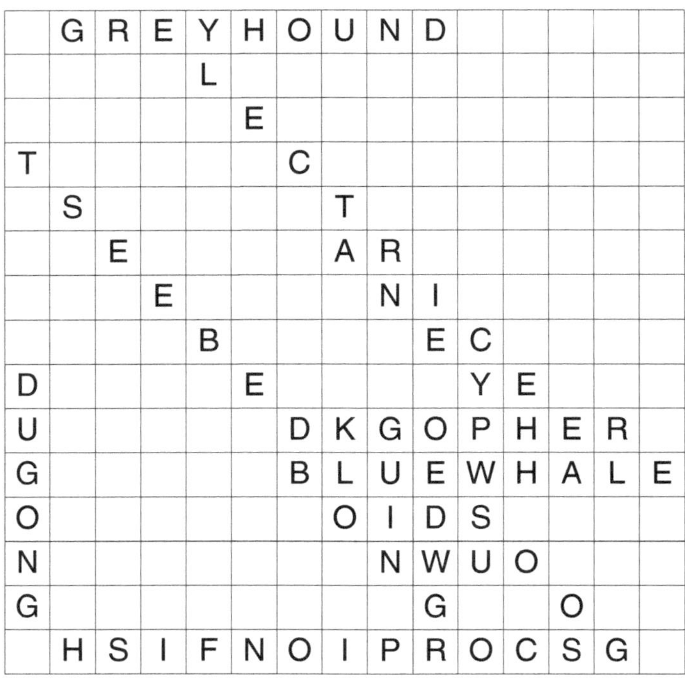

ANIMALS
Puzzle # 28

ANIMALS
Puzzle # 29

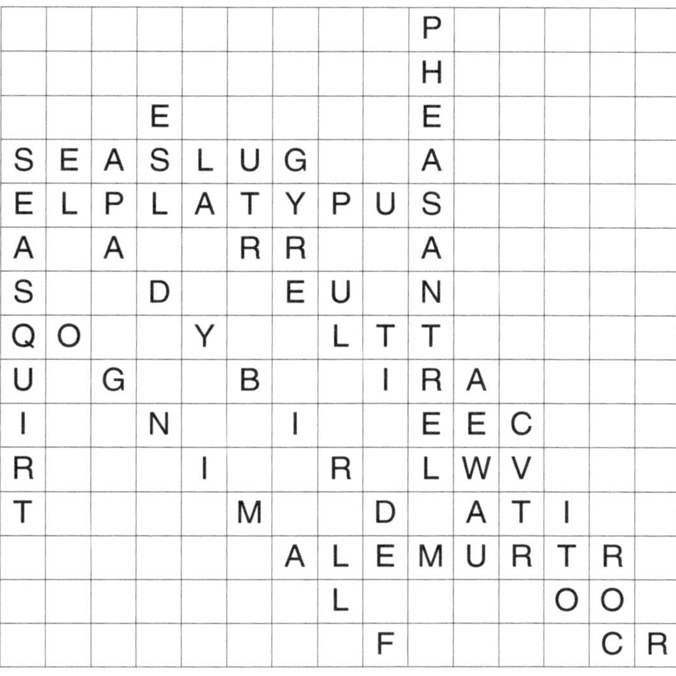

ANIMALS
Puzzle # 30

ANIMALS
Puzzle # 31

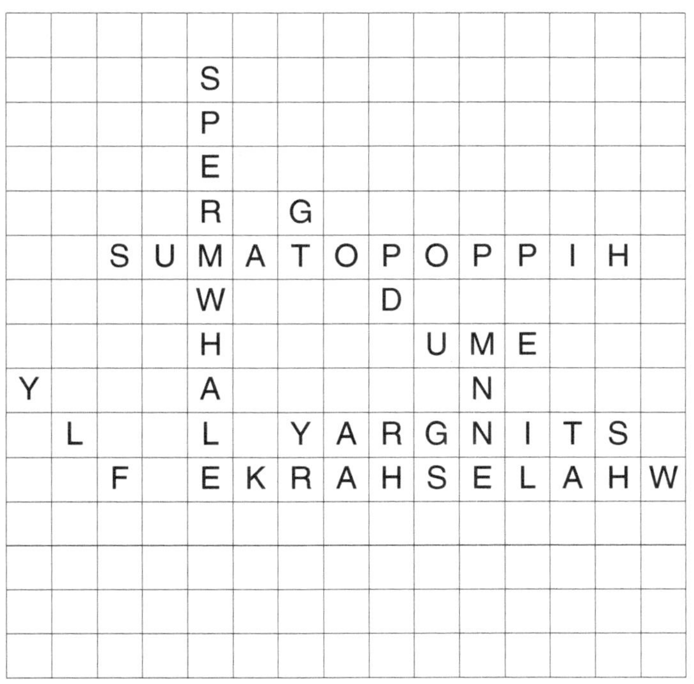

ANIMALS
Puzzle # 32

ANIMALS
Puzzle # 33

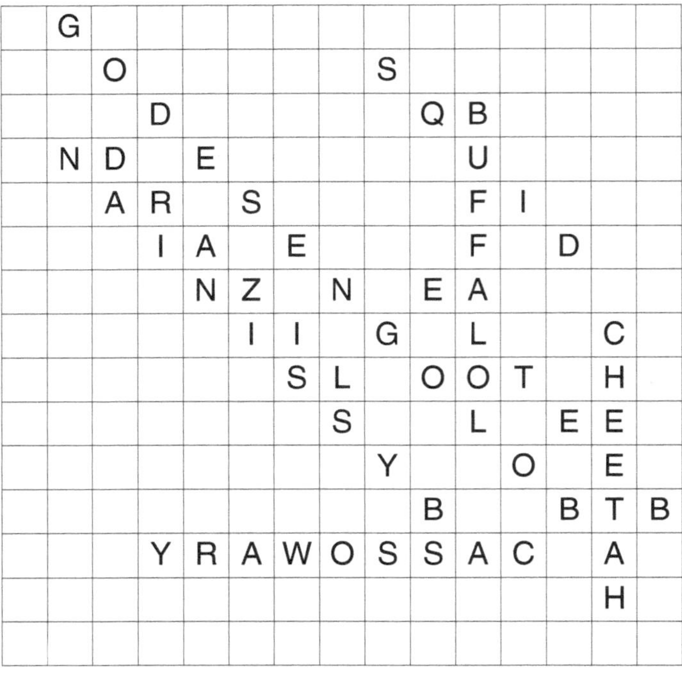

ANIMALS
Puzzle # 34

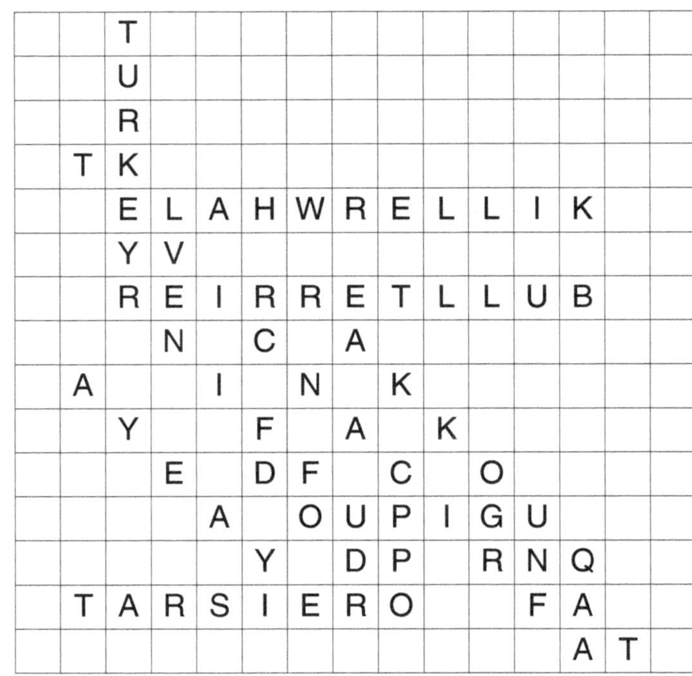

ANIMALS
Puzzle # 35

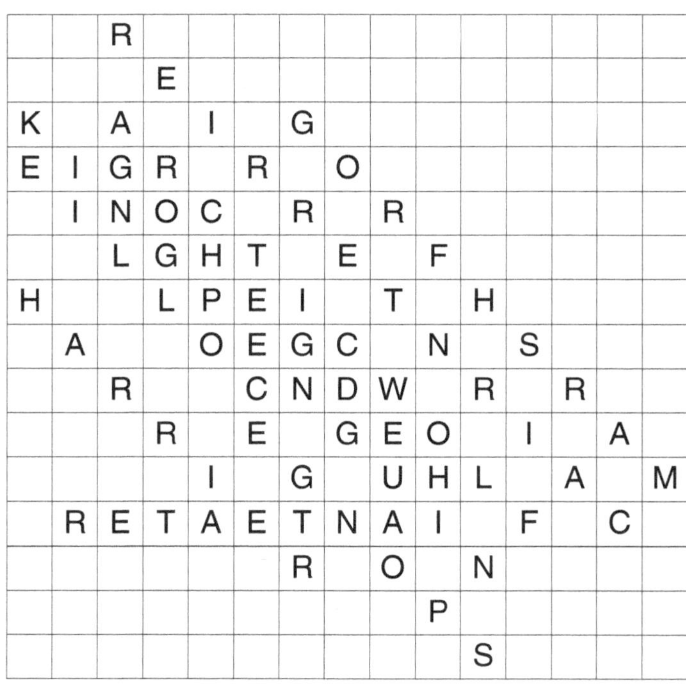

ANIMALS
Puzzle # 36

ANIMALS
Puzzle # 37

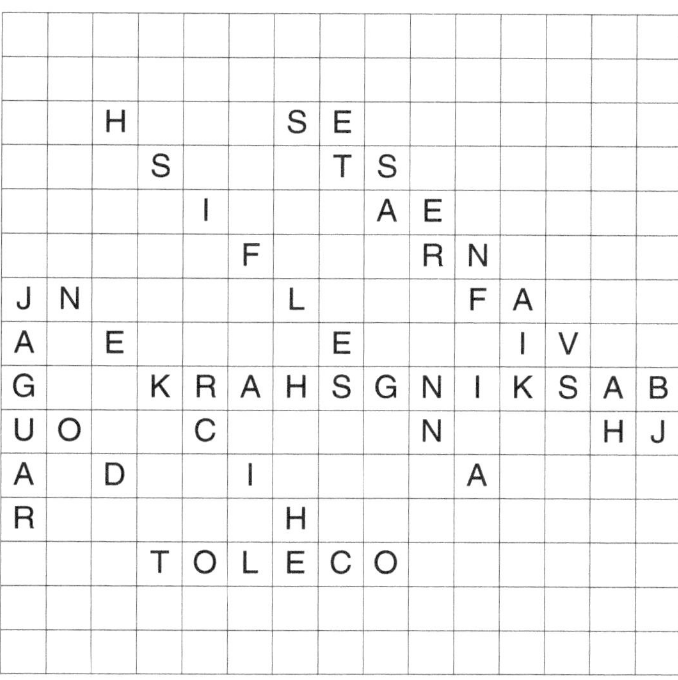

ANIMALS
Puzzle # 38

ANIMALS
Puzzle # 39

ANIMALS
Puzzle # 40

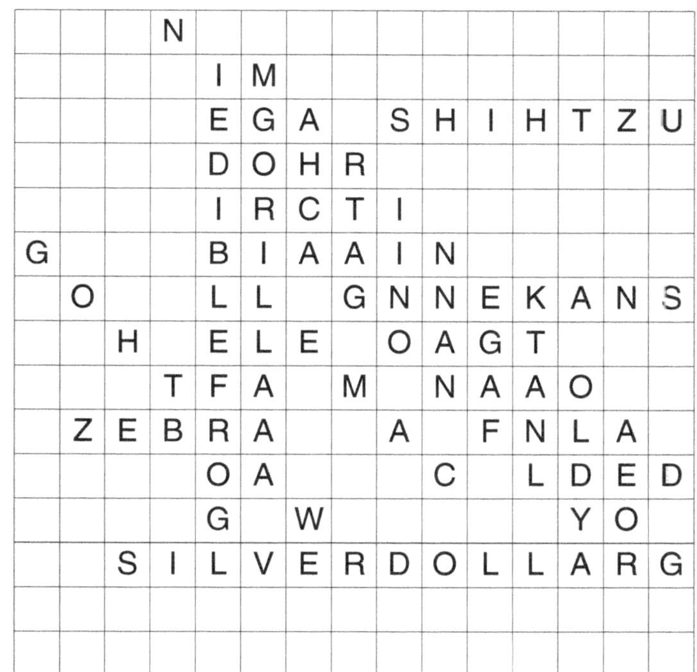

www.ingramcontent.com/pod-product-compliance
Lightning Source LLC
Chambersburg PA
CBHW081024260726
48662CB00026B/3124